Kinder-
Torten

Dieses Buch widme ich meinen Kindern
Barbara, Manuela und Christian.

Der Verlag bedankt sich bei den Kindern, deren Eltern und den Pädagoginnen des Kindergartens St. Florian in Wien.

Sonderausgabe für A&M, Salzburg

Fotos: Fotostudio Riedmann, PhotoDisc

Umschlag, Layout und Satz: Peter Furian, www.furian.at

Digitale Bildbearbeitungen: Georg Michael Thellmann

Kinderzeichnungen: Barbara Reimer, 15 Jahre

Druck/Bindung: Druckerei Theiss GmbH, A-9431 St. Stefan

ISBN 3-902397-73-X

Eva Reimer

Kinder-Torten

Tolle Ideen für ein gelungenes Kinderfest

Inhalt

Vorwort

Kinder haben einen unglaublichen Wissensdurst und sind in der Regel sehr daran interessiert, wie Ihre Kuchen und deren Verzierungen hergestellt werden.

Aus diesem Grund finden Sie in diesem Buch viele Rezepte und Dekorationsvorschläge, die Sie mit viel Vergnügen selbst herstellen können. Einige davon sind im wahrsten Sinne des Wortes ein Kinderspiel, bei dem auch Kinder gerne mitmachen und helfen wollen.

Mit selbst gemachten Torten ist man nie um ein Geschenk verlegen, sie kommen immer gut an, egal für welches Alter und für welchen Geschmack.

Besonders reizvoll scheint mir die Möglichkeit, eine Torte für Kinder ganz persönlich und individuell gestalten zu können Deshalb habe ich mich auch bemüht, eine Vielzahl von Themen und Varianten aufzuzeigen, damit Sie Anregungen und Motive für die unterschiedlichsten Anlässe und Bedürfnisse finden. Ihrer Fantasie sind dabei keine Grenzen gesetzt, lassen Sie sich inspirieren und entwerfen Sie auch Dekorationen ganz nach Ihrem Geschmack!

In den vergangenen vierzig Jahren haben sich die Trends im Bereich der Tortengestaltung sehr verändert. Materialien wie etwa weiße Überzugsmasse haben an Beliebtheit gewonnen, können besser verarbeitet werden und lassen unserer Kreativität viel Freiraum und Gestaltungsmöglichkeiten.

Abkürzungen:

g	Gramm
kg	Kilogramm
l	Liter
ml	Milliliter
Pkg.	Packung
Msp.	Messerspitze
KL	Kaffeelöffel
EL	Esslöffel

Mein Tipp für die Praxis:

Beginnen Sie mit den einfachen Rezepten, um Erfahrung und Selbstvertrauen zu gewinnen, Sie werden sehen, wie Ihre Kreativität gefördert wird, und wie viel Spaß das Herstellen und Formen von Dekorationen macht.

Für Fragen, Tipps und Tricks stehe ich gerne zur Verfügung. Ich würde mich freuen, Sie in meiner „Süßen Kunstwerkstatt" (Kurse von Oktober bis Februar) begrüßen zu dürfen.

Sie erreichen mich unter folgender E-Mail-Adresse:
eva.reimer@chello.at

Ich wünsche Ihnen viel Spaß und gutes Gelingen!

Ihre Eva Reimer

Ein liebevolles Rezept

Man nehme ein Löffelchen voll Freude,
dazu ein Glas mit Liebe
und gebe es in eine Schüssel,
gefüllt mit Gemütlichkeit.

Nun verrührt man die Zutaten
und reibt etwas Spannung dazu.

Dann knetet man den Teig
zu einer festen Masse
und rollt ihn aus.

Jetzt nimmt man die Formen des Glücks
und sticht damit schöne Motive aus.

Nachdem das Backblech eingefettet
und mit Lachpulver bestaubt ist,
legt man die Plätzchen darauf.

Zuletzt backt man sie
auf einer Flamme
voller Herzen.

Wenn sie fertig sind,
dann verteile sie
in ganz großen Stücken
an jeden, der eines mag.

(Barbara Reimer, mit 10 Jahren verfasst)

Tortenideen von A bis Z

Adventkranz aus Briocheteig

20 g Germ

1/8 l lauwarme Milch

50 g Puderzucker

400 g Mehl

70 g zerlassene Butter

1 Msp. Salz

3 Eidotter

geriebene Zitronenschale (unbehandelt)

verquirltes Ei zum Bestreichen

Marzipan in verschiedenen Farben

Rosinen

bunte Zuckerperlen

Hagelzucker zum Verzieren

Für das Dampfl die Germ in etwas lauwarmer Milch auflösen, etwas Puderzucker und Mehl einstreuen, noch ein bisschen Mehl darüber streuen und das Ganze 5–10 Minuten gehen lassen.

Für den Teig das restliche Mehl mit etwas Salz vermischen. Die übrige lauwarme Milch mit der zerlassenen Butter, dem verbliebenen Puderzucker, den Eidottern, der Zitronenschale und dem Dampfl gut abschlagen und dann auf einem Brett zu einem festen Teig verkneten. Rosinen in den Teig mengen.

Den Teig in 3 gleich große Stücke teilen, diese zu Rollen formen und 5–10 Minuten gehen lassen. Danach dünner ausrollen (gleich lang) und nochmals 5–10 Minuten rasten lassen.

Die einzelnen Stränge zu einem Zopf flechten und diese dann zu einem Kranz drehen, die Enden gut zusammenfügen.

Den Briochekranz mit verquirltem Ei bestreichen, mit Hagelzucker und bunten Zuckerperlen bestreuen, auf ein mit Backpapier belegtes Blech geben und im vorgeheizten Rohr bei 160 °C etwa 40 Minuten backen.

Aus buntem Marzipan Kerzenkörper rollen, Flammen formen und beides aneinander fügen. Für die Kerzenständer das Marzipan auf Puderzucker ausrollen und daraus Sterne ausstechen, die in der Mitte eine Ausnehmung für die Marzipankerzen haben.

Die Kerzen in den Kranz stecken und die Sterne wie eine Manschette darüber ziehen.

Bananenwaffel

250 g Butter

250 g Puderzucker

1 Pkg. Vanillezucker

4 Eidotter

350 g Mehl mit 1 KL Backpulver vermischt

1/2 l lauwarme Milch

Schnee von 4 Eiklar

etwas geriebene Zitronenschale (unbehandelt)

2 Bananen

Butter schaumig rühren. Abwechselnd Puderzucker und Eidotter beimengen, schaumig rühren.

Das mit Backpulver vermischte Mehl und lauwarme Milch nach und nach unterrühren, so dass ein dickflüssiger Teig entsteht.

Bananen mit dem Mixer pürieren und ebenfalls in die Masse rühren.

Eischnee und Zitronenschale zum Schluss unterheben.

Waffeleisen gut vorheizen und Waffeln knusprig backen. Als feine Ergänzung können Sie Schokoladensauce dazu servieren.

Tipp:

Den Teig können Sie ohne Bananen auch 1–2 Tage im Kühlschrank aufbewahren, so dass Sie mehrmals Waffeln frisch zubereiten können.

Bananenkuchen mit Palme

4 Eidotter
125 g Puderzucker
1 Pkg. Vanillezucker
4 Eiklar
100 g Mehl
4 EL Kakao

Creme und Dekoration:
1 Banane
50 g weiche Butter
250 g Topfen
70 g Puderzucker
1 Pkg. Vanillezucker
60 g dunkle Kuvertüre
gelbe Lebensmittelfarbe
1 Schokolade-marzipanstange für die Palme
30 g Angelika (grün) für die Palme
2 rote Kirschen für die Palme

Eidotter mit der Hälfte des Puderzuckers und dem Vanillezucker schaumig rühren. Eiklar mit dem restlichen Puderzucker zu steifem Schnee schlagen und unter die Dottermasse heben. Mehl und Kakao nach und nach unterrühren. Auf ein mit Backpapier belegtes Blech streichen, 15 Minuten bei 180 °C backen. Auf eine bezuckerte Arbeitsfläche stürzen (verhindert, dass der Kuchen anklebt) und auskühlen lassen.

Aus Karton oder Papier eine 30 cm lange Bananen-Schablone schneiden. Nach dieser Vorlage mit einem spitzen Messer zwei Bananenformen aus dem Kuchen schneiden.

Banane schälen, zerdrücken und mit Butter, Topfen, Puderzucker und Vanillezucker cremig rühren. Ein Drittel der Creme in eine Schüssel geben und mit gelber Lebensmittelfarbe färben.

Eine Kuchenschicht mit der restlichen ungefärbten Creme bestreichen, die zweite Kuchenschicht darauf setzen, andrücken. Mit der gelb gefärbten Creme bestreichen und 30 Minuten kühl stellen. Kuvertüre über dem Wasserbad langsam schmelzen, in einen Spritzsack mit kleiner Tülle füllen und die Banane damit verzieren. Eine Stunde kühl stellen.

Aus der runden Marzipanstange, dem Angelika und den klein geschnittenen roten Kirschen eine Palme basteln und auf die Banane setzen. Diese etwas andrücken oder mit einem Holzzahnstocher befestigen.

Tipp:

Fertige kleine Palmen gibt es im Fachhandel.

Sie können die beiden Kuchenschichten auch mit dunkel gefärbter Überzugsmasse überziehen (siehe Foto).

Barbietorte

150 g Butter
150 g Puderzucker
3 Eier
150 g Mehl
1/2 Pkg. Backpulver
1 Pkg. Vanillezucker
1 kleine Dose Weichseln
1 Becher Zitronenglasur

Dekoration:

300 g weiße Überzugsmasse (im Fachhandel)

grüne, gelbe und rote Lebensmittelfarbe

Puderzucker, Vanillezucker, Butter und Eier schaumig rühren. Mehl mit Backpulver vermengen, nach und nach unterheben. Weichseln in einem Sieb gut abtropfen lassen und der Masse beigeben. Teig in eine gebutterte, bemehlte Tortenform füllen und bei 180 °C 50 Minuten backen. Torte aus der Form nehmen und auskühlen lassen. Zitronenglasur über dem Wasserbad erwärmen und die Torte glasieren.

Weiße Überzugsmasse rosa, gelb und grün färben. Aus der gefärbten Überzugsmasse eine Barbiepuppe formen und in die Tortenmitte setzen. Aus rosa und grüner Überzugsmasse kleine Taschen formen und am Tortenrand verteilen (12 Stück).

Tipp:

Wenn Sie die Weichseln leicht in Mehl wälzen, sinken sie nicht an den Tortenboden.

Blumenhaus

1 quadratischer Fertigkuchen (20 cm x 20 cm)

800 g weiße Überzugsmasse (im Fachhandel)

rote, blaue, grüne und gelbe Lebensmittelfarbe

20 kleine bunte Zuckerblumen (im Fachhandel)

Zwei Kuchenecken schräg in Dachform abschneiden.

200 g von der Überzugsmasse rot, 100 g blau, 150 g grün und 50 g gelb färben.

300 g weiße Überzugsmasse auf einer bezuckerten Arbeitsfläche dünn ausrollen und auf den Kuchen legen, leicht andrücken. Aus zwei Drittel der roten Überzugsmasse Dachziegeln formen, mit Wasser leicht benetzen und auf das Haus kleben.

Restliche rote Überzugsmasse zu einer Türe formen und in die Hausmitte kleben. Aus blauer Überzugsmasse zwei Fenster formen und links und rechts der Türe ankleben. Gelbe Überzugsmasse sehr dünn ausrollen und am Dachgiebel als Sonnenstrahlen ankleben. Grüne Überzugsmasse zu dünnen Rollen formen und als Baum zwischen Türe und Fenster an das Haus kleben. Kleine bunte Zuckerblumen in den Baum setzen.

Blumen und Stiele formen und diese als Abschluss am unteren Kuchenrand ankleben.

Blumentopfkuchen

1/8 l lauwarme Milch
1/2 Würfel frische Germ
1 Msp. Zucker
450 g Mehl
1 Msp. Salz
80 g Zucker
3 Eier
100 g zerlassene Butter
50 g Rosinen
50 g gehackte Mandeln
Butter für den Blumentopf
1 neuer Blumentopf (15 cm Durchmesser)

Germ und Zucker in die lauwarme Milch einrühren, zudecken und etwa 10 Minuten gehen lassen (Dampfl).

Das Backrohr auf 70 °C vorheizen.

Salz, Zucker, Dampfl, Eier, zerlassene Butter und Mehl gut vermischen. Die Rosinen und die Mandeln dazugeben, 10 Minuten kneten, bis der Teig nicht mehr am Schüsselrand klebt.

Das Backrohr wieder ausschalten, die Schüssel mit einem sauberen Tuch zudecken und im Backrohr 1 Stunde gehen lassen, bis der Teig etwa doppelt so groß geworden ist.

Den Blumentopf mit Butter ausfetten, das Loch mit Alupapier verschließen, den gegangenen Teig nochmals durchkneten und in den Blumentopf geben.

Den Kuchen in das vorgeheizte Bockrohr schieben und bei 180 °C auf der untersten Schiene 60 Minuten backen.

Tipp:

Nach Fertigstellung des Kuchens können Sie ihn mit bunten Zuckerblumen dekorieren.

Bunte Herzen

Eidotter mit 3 EL warmem Wasser, Puderzucker und Vanillezucker schaumig rühren. Mehl mit Backpulver und Puddingpulver vermischen. Aus 3 Eiklar steifen Schnee schlagen. Mehl und steifen Schnee abwechselnd in die Ei-Puderzucker-Masse rühren. In die Hälfte des Teiges den Kakao einrühren. Masse auf ein gebuttertes, bemehltes Backblech fingerdick aufstreichen. Die helle und die dunkle Masse getrennt, durch einen Alufolienstreifen, backen. Bei 160 °C 15–20 Minuten backen.

Herzen mit einer 10 cm großen Ausstechform aus der Kuchenplatte ausstechen und auskühlen lassen.

Für die Creme die Kuvertüre über dem Wasserbad schmelzen. Butter, Kuvertüre, Rum, Vanillezucker und Puderzucker mit dem Mixer zu einer Creme aufschlagen.

Ausgekühlte Herztörtchen quer durchschneiden und mit Creme füllen, dünn mit Marmelade überziehen. Die Sckokoladeherzen mit Schokoladeglasur, die hellen mit Punschglasur überziehen. Mit bunten Zuckerblumen dekorieren.

3 Eier

120 g Puderzucker

1 Pkg. Vanillezucker

80 g Mehl

1 KL Backpulver

1 Pkg. Vanille-puddingpulver

1 EL Kakao

Creme:

100 g Butter

50 g Kuvertüre

1 KL Rum

1 KL Vanillezucker

80 g Puderzucker

1 Becher Punschglasur

1 Becher Sckokoladeglasur

Marillenmarmelade

bunte kleine Zuckerblumen (Fachhandel)

Bunte Luftballons

Eier, Puderzucker und Vanillezucker sehr schaumig rühren.

Sauerrahm und Sonnenblumenöl beimengen. Kokosflocken, Mehl und Backpulver miteinander vermengen. Dieses Gemisch dann unter den Teig heben. Den Teig in (zum Backen geeignete) Papierbackförmchen füllen und bei 180 °C 35 Minuten backen.

Zitronenglasur über dem Wasserbad erweichen und in 4 kleine Schalen gießen. Mit den verschiedenen Lebensmittelfarben färben. Die Glasuren mit einem Kaffeelöffel auf den Törtchen gleichmäßig verteilen.

Puderzucker und Zitronensaft vermengen, in einen kleinen Spritzsack füllen und die Törtchen mit verschiedenen Mustern verzieren. Abwechselnd je 1 bunte Schokolinse in die Mitte setzen.

Bunte Bänder am Törtchenboden (mit einem Tupfen Klebstoff) befestigen, dann sehen sie aus wie Luftballons.

3 Eier

1 Joghurtbecher Puderzucker

1 Joghurtbecher Kokosflocken

1 Joghurtbecher Sauerrahm

1 Joghurtbecher griffiges Mehl

1/2 Joghurtbecher Sonnenblumenöl

1 KL Backpulver

1 Pkg. Vanillezucker

Dekoration:

2 Becher Zitronenglasur

grüne, rote, gelbe und blaue Lebensmittelfarbe

bunte Maschenbänder

Papierbackförmchen

bunte Schokolinsen

100 g Puderzucker

Saft von 1 Zitrone

Bunte Lutscher

550 g Puderzucker
1 EL Traubenzucker
170 ml Wasser
Orangenaroma
Zitronenaroma
Himbeeraroma
Pfefferminzaroma
orange, rote, grüne und gelbe Lebensmittelfarbe
Lutscherstiele (ersatzweise Holzstiele)

Ein Backblech gut einölen.

Puderzucker, Traubenzucker und Wasser in einem Topf mit festem Boden erhitzen. Mit einem Holzlöffel rühren, bis der Puderzucker aufgelöst ist.

Die Zuckerlösung in einen Messbecher gießen, 1/4 davon abmessen und wieder in den Topf gießen.

Eine gewählte Farbe in die Zuckerlösung geben, zum Kochen bringen, zudecken und 3 Minuten kochen. Aufdecken und bis zur Stufe des harten Balls (130 °C) kochen. Vom Herd nehmen und den jeweils passenden Geschmacksstoff (Aroma) dazugeben.

Etwas Sirup mit einem kleinen Löffel auf das eingeölte Backblech fallen lassen. Einen Lutscherstiel darauf legen. Etwas mehr Sirup darauf tropfen, so dass der Stiel bedeckt ist.

Hart werden lassen, vorsichtig von der Unterlage lösen und in Cellophanpapier wickeln. Mit dem restlichen Sirup und den anderen Farben und Geschmacksstoffen in gleicher Weise verfahren.

Tipp:

Legen Sie in jeden Lutscher eine bunte Zuckerblume, bevor Sie den Sirup zum zweiten Mal darauf tropfen.

Clowntorte

170 g Walnüsse
120 g dunkle Kuvertüre
170 g Butter
6 Eidotter
6 Eiklar
170 g Puderzucker
70 g Biskotten

Dekoration:

900 g weiße Überzugsmasse (im Fachhandel)

blaue, rote, grüne und gelbe Lebensmittelfarbe

Die Walnüsse, Kuvertüre und Biskotten nach Belieben grob oder fein zerkleinern.

Die Butter mit zwei Drittel vom Puderzucker schaumig rühren und nach und nach die Eidotter einrühren. Zum Schluss die Nuss-Kuvertüre-Brösel-Mischung gut untermengen. Das Eiklar mit dem restlichen Puderzucker zu festem Schnee schlagen und vorsichtig unter die Teigmasse heben.

Den Teig in eine gebutterte, bemehlte Tortenform füllen und bei 160 °C etwa 55 Minuten backen, aus der Form nehmen und auf einem Kuchengitter auskühlen lassen.

50 g Überzugsmasse gelb und 100 g blau färben.

500 g weiße Überzugsmasse auf einer bezuckerten Arbeitsfläche ausrollen und auf die Torte legen, leicht andrücken.

Aus 150 g weißer Überzugsmasse einen sitzenden Clown mit 10 cm Höhe formen. 50 g Überzugsmasse gelb färben. Restliche Überzugsmasse in 3 Teile teilen und mit den verschiedenen Farben färben.

Der Clown bekommt rote Schuhe, eine blaue Halskrause, gelbe Haare (mit Knoblauchpresse) und bunte Tupfen.

Aus bunter Überzugsmasse kleine bunte Bälle und einen Hut formen. Dekorationen auf die Torte legen. Die 100 g blau gefärbte Überzugsmasse dünn zu einem Streifen ausrollen und damit eine Manschette um die Torte legen.

Die kleine Raupe Nimmersatt

5 Eier

100 g Mehl

150 g Puderzucker

1/2 Pkg. Vanillezucker

etwas geriebene Zitronenschale (unbehandelt)

1 Prise Salz

6 EL Preiselbeer-marmelade

Creme und Dekoration:

150 g Butter

100 g Puderzucker

100 g Milchkuvertüre

1 Pkg. Vanillezucker

1 Ei

60 g Rohmarzipan (im Fachhandel)

2 bunte Schokolinsen (Augen)

1 Lakritzschnecke (Mund)

5 ganze Eier, Mehl, Puderzucker, Vanillezucker, 1 Prise Salz und Zitronenschale mit dem Mixer cremig schlagen. Auf ein mit Backpapier ausgelegtes Blech gießen und glatt verstreichen.

15 Minuten bei 180 °C backen. Teig aus dem Rohr nehmen und verkehrt auf eine bezuckerte Arbeitsfläche legen, so dass das Papier oben ist. Papier befeuchten und abziehen.

Preiselbeermarmelade erwärmen, glatt rühren und auf dem Teig verstreichen. Teig zur Roulade einrollen. Ein Ende der Roulade schräg abschneiden.

Milchkuvertüre über dem Wasserbad langsam schmelzen. Butter, Kuvertüre, Puderzucker, Ei und Vanillezucker mit dem Mixer cremig schlagen. Roulade mit der Creme überziehen. Mit der Gabel den Rücken wellenartig einritzen.

Mit den Sckokolinsen und der Lakritze ein Gesicht auf der schräg geschnittenen Seite nachbilden.

Rohmarzipan in 14 kleine Stücke teilen, zu kleinen Rollen drehen und an einem Ende etwas flach drücken. Als Füße an die Raupe legen.

Tipp:

Mit Lebensmittelfarbe lassen sich auch bunte Füße machen.

Erdbeermohr mit Pünktchenkragen

125 g Butter
125 g Puderzucker
1 Pkg. Vanillezucker
2 Eier
150 g Erdbeermarmelade
160 g Mehl
1/2 KL Backpulver
3 EL Kakao
180 ml Buttermilch
5 EL Kakao zum Bestreuen

Dekoration:

150 g weiße Kuvertüre
120 g Butter
1/8 l Schlagobers
40 g weiße Kuvertüre
80 g dunkle Kuvertüre

Butter, Puderzucker und Vanillezucker cremig aufschlagen. Die Eier einzeln zugeben und rühren. Die Erdbeermarmelade zugeben und glatt rühren.

Mehl mit Backpulver vermengen und abwechselnd mit dem Kakao und der Buttermilch in die Dottermasse einmengen und glatt rühren. Den Teig in eine gebutterte, bemehlte Tortenform füllen. Im vorgeheizten Backrohr bei 180 °C etwa 50 Minuten backen. Den Kuchen noch 5 Minuten in der Form ruhen lassen, dann auf ein Kuchengitter stürzen und auskühlen lassen.

Für die Glasur die weiße Kuvertüre (150 g) mit der Butter und dem Schlagobers in einen kleinen Topf geben, bei wenig Temperatur auflösen und glatt rühren. Torte gleichmäßig mit der Glasur bestreichen.

Für den Pünktchenkragen die Höhe des Kuchens ausmessen. Aus einem Backpapier einen langen Streifen schneiden (ca. 80 cm lang, die Breite des Streifens entspricht der Höhe der Torte). Beliebige Pünktchen mit der weichen, weißen Kuvertüre auf den Streifen fallen lassen. Fest werden lassen, eine Schicht erweichter, dunkler Kuvertüre zügig über den gesamten Streifen streichen und das Papier mit der Schokoseite nach innen um die Torte wickeln.

Den Papierstreifen in Form halten, bis die Schokolade erstarrt ist, dann den Papierstreifen vorsichtig abziehen. Die Torte bis zum Servieren im Kühlschrank aufbewahren. Kurz vor dem Servieren eine kräftige Schicht Kakao darüber sieben.

Tipp:

Ein feines Aroma erhält die weiße Kuvertüre mit geriebener Zitronenschale.

Erdnussbutter-Muffins

Den Backofen auf 180 °C vorheizen.

Ein Muffinblech mit Papierbackförmchen auslegen.

Das Mehl mit dem Backpulver in einer großen Rührschüssel vermengen, Zucker und Schokotröpfchen zugeben und in die Mitte eine Vertiefung drücken. Das Ei mit Erdnussbutter, Marmelade, Butter, Salz und Milch vermengen, in die Vertiefung geben und zügig unterrühren. Sollte der Teig zu trocken sein, noch Milch zufügen.

Die Mischung gleichmäßig in den Papierbackförmchen verteilen. Bei 180 °C 25 Minuten backen.

Die Muffins aus dem Blech lösen und noch 10 Minuten ruhen lassen, dann mit Puderzucker bestreuen.

Tipp:

Sie können die Muffins auch mit bunter Zuckerglasur überziehen.

250 g Mehl

1 KL Backpulver

80 g Puderzucker

200 g dunkle Schokoladetropfen zum Mitbacken

1 Ei

250 g Erdnussbutter

2 EL Erdbeermarmelade

60 g zerlassene Butter

180 ml Milch

Salz

Puderzucker zu Bestreuen

Papierbackförmchen

Feuerdrachen-Torte „Grisu“

230 g Butter
200 g Puderzucker
1 Pkg. Vanillezucker
4 Eier
320 g Mehl
1/2 Pkg. Backpulver
3 EL Kakao
1 Becher Zitronenglasur

Dekoration:

300 g weiße Überzugsmasse
grüne, gelbe und rote Lebensmittelfarbe
100 g graue Marzipansteine (im Fachhandel)

Butter, Puderzucker und Vanillezucker schaumig rühren. Die Eier nach und nach, das mit Backpulver vermischte Mehl portionsweise unterrühren. Den Kakao zuletzt untermengen.

Den Teig in eine gebutterte, bemehlte Tortenform füllen und bei 180 °C 50 Minuten backen. Torte in der Form auskühlen lassen.

Zuckerglasur über dem Wasserbad schmelzen und die Torte glasieren.

Weiße Überzugsmasse mit der jeweiligen Lebensmittelfarbe färben. Etwas gelbe und rote Masse leicht vermengen und ausrollen, dann zu einem Kreis ausschneiden. Grünen Feuerdrachen mit rotem Kamm formen und auf die Platte setzen. Graue Marzipansteine um den Feuerdrachen legen. Fertige Platte auf die Torte legen.

Tipp:

Weiße Zitronenglasur können Sie mit Lebensmittelfarbe färben.

Feuerwehrauto

250 g Butter
250 g Puderzucker
4 Eier
1 Pkg. Vanillezucker
260 g Mehl
1/2 Pkg. Backpulver
120 g geriebene Mandeln

Dekoration:

500 g weiße Überzugsmasse (im Fachhandel)
4 Lakritzschnecken für die Räder
6 bunte Schokolinsen für die Lichter
3 Lakritzstangen für die Leiter
rote und schwarze Lebensmittelfarbe
2 kleine Glocken aus Kunststoff

Butter mit Puderzucker und Vanillezucker gut cremig rühren. Eier nach und nach einrühren. Mehl mit Backpulver vermengen und zusammen mit den Mandeln unter die Dottermasse heben. Masse in eine gebutterte, bemehlte Kastenform füllen und bei 180 °C 50 Minuten backen.

Kuchen aus dem Rohr nehmen und auf ein Kuchengitter stürzen, auskühlen lassen.

420 g von der Überzugsmasse rot, 20 g schwarz färben.

Rote Überzugsmasse auf einer gezuckerten Arbeitsfläche dünn ausrollen und auf den Kuchen legen, leicht andrücken. Weiße Überzugsmasse dünn ausrollen und eine Windschutzscheibe und zwei Seitenfenster ausschneiden. Fenster mit Wasser anfeuchten und auf das Auto kleben. Lakritzschnecken als Räder ankleben. Aus den Lakritzstangen eine Leiter basteln und auf dem Autodach befestigen. Bunte Schokolinsen als Lichter vorne und hinten anstecken. Zwei kleine Glocken auf das Autodach neben die Leiter kleben.

Aus der schwarzen Überzugsmasse dünne Rollen formen und die Fenster damit einfassen.

Tipp:

Man kann auch aus Überzugsmasse in den entsprechenden Farben ein Mini-Feuerwehrauto formen und dieses als Dekoration auf einen beliebigen Kuchen setzen (siehe Foto).

Figuren aus Milchbrotteig

1/2 Würfel frische Germ

1/8 l lauwarme Milch

60 g Puderzucker

500 g Mehl

1 Msp. Salz

40 g Rosinen

geriebene Zitronenschale (unbehandelt)

80 g Butter

verquirltes Ei zum Bestreichen

bunter Marzipan

bunter Streusel

Für das Dampfl die Germ in etwas lauwarmer Milch auflösen, etwas Puderzucker und Mehl einstreuen, noch ein bisschen Mehl darüber streuen und das Ganze 5–10 Minuten gehen lassen.

Für den Teig das restliche Mehl, Salz und Zitronenschale miteinander vermischen. Die übrige lauwarme Milch mit zerlassener Butter und dem verbliebenen Puderzucker verrühren, mit Mehlgemisch und dem Dampfl abkneten, zuletzt die Rosinen einarbeiten und den Teig an einem warmen Ort 30 Minuten gehen lassen.

Anschließend den Teig nochmals zusammenschlagen, dann aufteilen und daraus Figuren formen – z. B. Schwäne, Krokodile, Mäuse – der Fantasie sind keine Grenzen gesetzt.

Figuren mit verquirltem Ei bestreichen und mit buntem Streusel und Marzipan verzieren.

Die Figuren auf ein mit Backpapier belegtes Backblech legen und nochmals 30 Minuten gehen lassen.

Im vorgeheizten Rohr bei 160 °C 20 Minuten backen.

Fliegender Drache

250 g Butter
200 g Puderzucker
1 Pkg. Vanillezucker
1 KL gemahlener Zimt
1 Msp. gemahlene Muskatnuss
1 Msp. gemahlenes Nelkenpulver
3 Eier
180 g Mehl
1/2 Pkg. Backpulver
100 g getrocknete Marillen
Saft von 1 Zitrone

Creme und Dekoration:

150 g Butter
150 g Puderzucker
3 EL Kakao
1 Pkg. Vanillezucker
1 Ei
rote Lebensmittelfarbe
bunter Streusel
buntes Popcorn
2 runde, kleine Schokokekse
bunte flache Bonbons

Marillen klein schneiden und in etwas Zitronensaft einweichen.

Butter, Zucker und Vanillezucker schaumig rühren. Die Gewürze und Eier nach und nach unterrühren. Das Mehl mit dem Backpulver vermischen und löffelweise unterheben. Masse auf ein mit Backpapier belegtes Blech streichen und bei 180 °C etwa 40 Minuten backen.

Auf eine bezuckerte Arbeitsfläche stürzen und auskühlen lassen.

Für die Creme Butter, Puderzucker, Kakao, Vanillezucker und Ei mit dem Mixer schaumig schlagen.

Den Kuchen mit einem spitzen Messer zur Form eines Drachen schneiden (etwa 30 cm groß).

Aus den Kuchenresten dreieckige Maschen in der Länge von 6 cm schneiden. Einen kleinen Teil der Creme für den Mund rot färben. Mit der weißen Creme Drachen und Maschen überziehen.

Mit der roten Creme den Mund des Drachen aufspritzen. Mit Schokokeksen und Bonbons Augen legen, buntes Popcorn als Haare verwenden. Maschen mit buntem Streusel bestreuen. Um den Drachen ein langes Maschenband binden, die Enden lang lassen und die kleinen Maschen darauf legen.

Tipp:

Es ist einfacher, sich zuerst eine Schablone des Drachen zu zeichnen und nach dieser Vorlage auszuschneiden.

Beliebige Dekorationselemente können auch aus Überzugsmasse gefertigt werden.

Fliegenpilz-Haus

2 runde kleine Fertigkuchen (Gugelhupf)

runde Karlsbader Oblatenwaffel (22 cm)

900 g weiße Überzugsmasse (im Fachhandel)

rote, grüne, braune, gelbe und schwarze Lebensmittelfarbe

graue Marzipansteine (im Fachhandel)

4 Holzspieße

Eiweißglasur (Puderzucker, Zitronensaft)

150 g Himbeermarmelade

250 g Überzugsmasse grün färben und die Karlsbader Oblate damit belegen, leicht andrücken. 250 g Überzugsmasse weiß belassen, 250 g Überzugsmasse rot, 50 g Überzugsmasse schwarz, ebenfalls 50 g Überzugsmasse gelb und zuletzt 50 g Überzugsmasse braun färben.

Weiße Überzugsmasse auf einer bezuckerten Arbeitsfläche dünn ausrollen und einen Kuchen damit belegen, leicht andrücken. Zweiten runden Kuchen quer halbieren und unteren Teil mit roter Überzugsmasse belegen. Beide Kuchenteile mit Holzspießen zusammenstecken (Fliegenpilz).

Aus der braunen Überzugsmasse eine Türe formen und auf das Fliegenpilzhaus kleben. Blumen und Fenster formen und genauso verfahren. Die Klebeflächen mit etwas Wasser benetzen, dadurch hält die Dekoration besser. Kleine weiße Kügelchen formen, etwas flachdrücken, diese Punkte mit etwas Wasser auf dem Dach festkleben.

Fliegenpilzhaus auf die grüne Oblate setzen und mit Marzipansteinen dekorieren.

Aus schwarzer Überzugsmasse einen kleinen Rauchfang formen und auf das Dach kleben.

Für die Schnecke weiße Zuckermasse mit etwas blauer marmorieren und daraus eine etwa 15 cm lange Wurst formen. Wie ein Schneckenhaus einrollen und dann auf der Wiese aufkleben.

Tipp:

Vergessen Sie nicht, vor dem Essen die Holzspieße zu entfernen. Kuchenreste lassen sich gerieben vorzüglich für Obstknödel verwenden.

Formel-1-Torte

100 g Butter

200 g Puderzucker

1 Pkg Vanillezucker

4 Eier

200 g gemahlene Haselnüsse

135 g Mehl

1/2 Pkg. Backpulver

80 ml Milch

Dekoration:

grüne, rote, gelbe und blaue Lebensmittelfarbe

750 g weiße Überzugsmasse für die Dekoration (fertige Überzugsmasse gibt es im guten Fachgeschäft zu kaufen)

Butter, Puderzucker, Vanillezucker und Eier schaumig rühren und die gemahlenen Nüsse unterheben. Mehl und Backpulver vermischen, abwechselnd mit der Milch in die Butter-Eier-Nuss-Masse rühren. Den Teig in eine gebutterte und bemehlte rechteckige Springform geben (20 x 18 cm) und 45 Minuten bei 180 °C backen. Aus der Form nehmen und auskühlen lassen.

Für die Dekoration von der weißen Überzugsmasse 400 g mit grüner, 100 g mit grauer, 50 g mit roter, 50 g mit blauer, 50 g mit gelber und 50 g mit schwarzer Lebensmittelfarbe einfärben, indem man die Farbe in die Überzugsmasse einknetet. Die restlichen 50 g der Überzugsmasse weiß belassen.

Arbeitsfläche mit Puderzucker bestreuen und grüne Überzugsmasse zu einem Rechteck (30 x 25 cm) ausrollen. Die ausgerollte Masse vorsichtig auf den Kuchen heben, Überstehendes wegschneiden und für später aufheben.

Graue Überzugsmasse zu einem Streifen in der Größe von 30 x 7,5 cm ausrollen und diagonal über die Torte legen. Aus der roten, gelben und blauen Überzugsmasse Rennwagen formen und auf die Rennbahn stellen (eventuell mit etwas Marmelade befestigen). Restliche grüne Überzugsmasse durch die Knoblauchpresse drücken, den so entstandenen Rasen mit etwas Wasser auf der Torte anbringen. Mit verdünnter Lebensmittelfarbe mittels Pinsel den Mittelstreifen auf der Rennbahn malen.

Tipp:

Weniger aufwändig ist es, wenn man die Rennwagen aus Überzugsmasse durch Spielzeug- oder Schokoladeautos ersetzt.

Froschteich

6 Eidotter

100 g Puderzucker

1 Msp. Zimt

Saft von 1/2 Zitrone

6 Eiklar

50 g Puderzucker

120 g geriebene Nüsse

40 g griffiges Mehl

30 g zerlassene Butter

Dekoration:

1 kg weiße Überzugsmasse (im Fachhandel)

grüne, gelbe, schwarze und blaue Lebensmittelfarbe

20 graue Marzipansteine (im Fachhandel)

Eidotter mit Puderzucker, Zimt und Zitronensaft schaumig rühren.

Eiklar zu steifem Schnee schlagen, mit 50 g Puderzucker ausschlagen. Nüsse mit Mehl vermischen. Schnee und Nüsse abwechselnd unter die Dottermasse heben, zuletzt zerlassene Butter einmengen. Masse in eine gebutterte, bemehlte Herztortenform füllen und bei 180 °C etwa 60 Minuten backen, dann auskühlen lassen.

In 600 g weiße Überzugsmasse grüne Lebensmittelfarbe einkneten und auf einer mit Puderzucker bestreuten Arbeitsfläche ausrollen, über die Herztortenform legen und mit der Hand leicht andrücken.

200 g weiße Überzugsmasse blau einfärben und auf einer mit Puderzucker bestreuten Arbeitsfläche zu einem Kreis mit 25 cm Durchmesser ausrollen (Teich).

100 g weiße Überzugsmasse dunkelgrün einfärben und daraus einen Frosch formen, den Frosch auf die Tortenseite setzen.

Aus 100 g weißer Überzugsmasse kleine Seerosenblüten formen, mit gelb eingefärbter Überzugsmasse Blütenmitte dekorieren.

Blauen Teich auf einen Tortenteller heben darauf die Torte setzen. Seerosenblüten auf der Torte und im Teich verteilen.

Graue Marzipansteine rund um den Teich legen.

Tipp:

Wenn das Wasser im Teich ein paar Luftblasen wirft, ist das nicht weiter schlimm, ganz im Gegenteil, der Teich sieht auf diese Weise noch viel echter aus.

Fußballspiel

6 Eidotter
180 g Puderzucker
3 EL Wasser
1 Pkg. Vanillezucker
150 g glattes Mehl
6 Eiklar

Eidotter, Wasser, Puderzucker und Vanillezucker mit dem Mixer schaumig rühren. Eiklar zu festem Schnee schlagen und mit dem Mehl unter die Dottermasse heben. Die Biskuitmasse auf ein mit Backpapier belegtes Blech streichen und bei 190 °C etwa 10 Minuten backen.

Creme und Dekoration:

300 g Butter
150 g Puderzucker
1 Eidotter
grüne Lebensmittelfarbe
200 g Kokosflocken
kleiner Spritzsack mit feiner Tülle
100 g Puderzucker
3 EL Wasser

Fußballspieler aus Zucker (im Fachhandel)
Fußballtore aus Plastik (im Fachhandel)

Butter flaumig rühren, Puderzucker, grüne Lebensmittelfarbe und Eidotter einrühren, gut cremig schlagen. Das ausgekühlte Biskuit quer durchschneiden und mit einem Drittel der Buttercreme füllen.

Den Kuchen mit der restlichen grünen Buttercreme bestreichen.

Kokosflocken mit 2 Tropfen grüner Lebensmittelfarbe in einem Plastikbeutel vermengen. Grüne Kokosflocken auf den Rand des Kuchens streuen.

Puderzucker mit 3 EL Wasser vermengen, in den Spritzsack füllen und die Feldlinien aufspritzen. Fußballtore aufstellen und die Fußballspieler auf dem Spielfeld verteilen.

Tipp:

Statt die Torte mit Buttercreme zu bestreichen, können Sie sie auch mit entsprechend eingefärbter Überzugsmasse dekorieren.

Giraffentorte zum 7. Geburtstag

6 Eidotter
180 g Puderzucker
120 g griffiges Mehl
6 Eiklar

Creme und Dekoration:
150 g Butter
150 g Puderzucker
1 Pkg. Vanillezucker
1 Ei
Saft von 1/2 Zitrone (unbehandelt)
gelbe und orangefarbene Lebensmittelfarbe
Lakritzstreifen
bunte Bonbons

Eidotter und Puderzucker schaumig rühren, Eiklar zu festem Schnee schlagen und abwechselnd mit dem Mehl unter die Dottermasse heben. Den Teig auf ein gebuttertes, bemehltes Backblech gleichmäßig verstreichen. Bei 200 °C ungefähr 30 Minuten backen. Kuchen auf eine gezuckerte Arbeitsfläche stürzen und auskühlen lassen.

Für die Creme Butter rühren, Puderzucker, Vanillezucker, Ei und Zitronensaft beimengen und mit dem Mixer schaumig schlagen.

Aus dem Kuchen mit einem spitzen Messer eine große Zahl Sieben ausschneiden.

Zwei Drittel der Buttercreme gelb einfärben, ein Drittel orange färben. Kuchen mit der gelben Creme überziehen. Orangefarbene Creme in einen Spritzsack füllen und Flecken aufspritzen. Den Rest der Creme dunkelorange färben und für die Außenränder der Flecken verwenden. Die Lakritze für die Mähne und Augen zuschneiden und auf den Kuchen drücken.

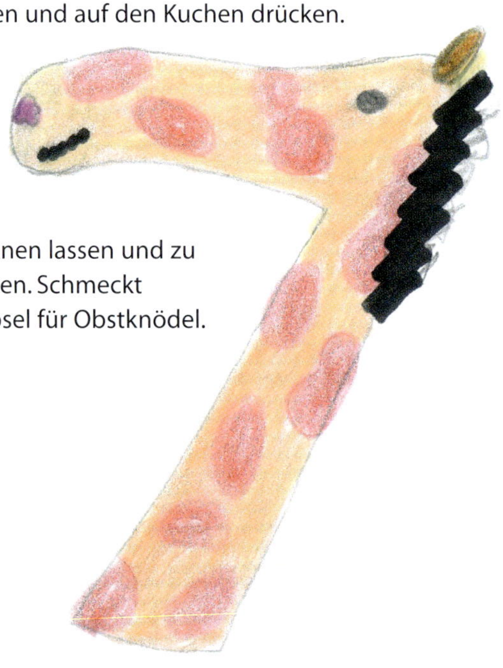

Tipp:

Kuchenreste trocknen lassen und zu Biskuittbrösel reiben. Schmeckt wunderbar als Brösel für Obstknödel.

Glückskekse

Butter, Puderzucker, Eidotter, Salz, Milch und Mehl zu einem glatten Teig rühren.

Backblech befetten und bemehlen oder mit Backpapier belegen. Aus der Masse mit zwei kleinen Kaffeelöffeln dünne Scheiben von rund 5 cm Durchmesser auf das Backblech streichen.

Bei 180 °C ca. 5 Minuten backen. Mit einer Palette noch heiß vom Blech lösen, Glückwunschstreifen einlegen und Glückskeks zu einem Packerl formen.

Dieser Arbeitsvorgang muss schnell gehen, da sich die Kekse nur warm formen lassen.

125 g Butter

200 g Puderzucker

1 Prise Salz

2 Eidotter

50 ml Milch

90 g Mehl

30 kleine Papierstreifen mit Glückwünschen

Glückspilz-Torte

Tiefkühlerdbeeren auftauen lassen. Biskuittortenboden in eine Tortenform legen. Milchreis laut Packungsanweisung zubereiten, mit gehackten Pistazien, 2 EL Erdbeermarmelade, Joghurt und 4 Blatt nach Anleitung aufgelöster Gelatine vermischen.

Masse in die Form füllen, auf dem Biskuitboden gleichmäßig verstreichen und für 1 Stunde in den Kühlschrank stellen.

Aufgetaute Erdbeeren fein pürieren, mit Vanillezucker und 4 Blatt nach Anleitung aufgelöster Gelatine vermischen, auf der Tortenoberfläche gleichmäßig verteilen und ca. 30 Minuten kalt stellen.

Schlagobers steif schlagen, in einen Spritzsack mit großer Tülle füllen und Tupfen auf die Torte spritzen.

1 fertiger Biskuit-Tortenboden

1 Pkg. Milchreis

3 EL gehackte Pistazien

1/2 l Joghurt

8 Blatt Gelatine

2 EL Erdbeermarmelade

500 g Erdbeeren (tiefgekühlt)

1 Pkg. Vanillezucker

1/8 l Schlagobers

Gummibärli-Kuchen

200 g Milchkuvertüre
200 g dunkle Kuvertüre
100 g Kokosfett
100 g Nougat
1 Pkg. Butterkekse
100 g Gummibärli
etwas Sonnenblumenöl für die Form
Frischhaltefolie

Das Öl mit einem Backpinsel in einer Kastenform verteilen. Kastenform mit Frischhaltefolie auslegen.

Die Kuvertüre, Kokosfett und Nougat zerkleinern und über dem Wasserbad langsam schmelzen. Dabei immer wieder umrühren. Die Schokoladesauce etwas abkühlen lassen und einen Teil davon mit einem Löffel in die Form gießen, so dass der Boden bedeckt ist.

Eine Lage Keks darauf schichten, dann wieder eine Schicht Schokoladensauce und so weiter verfahren, bis die Kekse und Creme verbraucht sind. Die Kekse beim Einlegen immer wieder festdrücken.

Den Kuchen für 3 Stunden in den Kühlschrank stellen und fest werden lassen. Aus der Form stürzen und mit Gummibärli belegen.

Tipp:

Es gibt viele Möglichkeiten, einen Kuchen mit Gummibärli zu dekorieren. Überziehen Sie beispielsweise einen beliebigen Schokoladekuchen mit Zuckerglasur und verzieren Sie diesen mit buntem Streusel und Gummibärli.

Hasentorte

4 Eier

160 g Puderzucker

1 Pkg. Vanillezucker

1 KL geriebene Zitronenschale (unbehandelt)

140 g Mehl

1 KL Backpulver

Creme und Dekoration:

1 Becher (500 g) Mascarpone

8 EL Trinkschokoladepulver

Marillenmarmelade

2 Becher Zitronenglasur

8 Zuckerosterhasen (erhältlich im Fachgeschäft)

grüner Zuckerstreusel

bunte Drageeeier

4 Eidotter mit 4 EL warmem Wasser, Puderzucker, Vanillezucker und Zitronenschale schaumig rühren. Das mit Backpulver versiebte Mehl und den steifen Schnee von 4 Eiklar leicht in die Dottermasse ziehen. Teig in eine gebutterte, bemehlte Tortenform gießen und bei 180 °C 45 Minuten backen. Torte in der Form 5 Stunden auskühlen lassen.

Mascarpone mit dem Trinkschokoladepulver gut 5 Minuten mit dem Mixer zu einer Creme schlagen und für 1/4 Stunde kühl stellen.

Tortenboden zweimal quer durchschneiden und mit der Mascarponecreme füllen. Die Oberfläche dünn mit Marmelade bestreichen und mit der Zitronenglasur überziehen. Glasur leicht antrocknen lassen und mit Hasen, Zuckerstreusel und Drageeeiern dekorieren.

Tipp:

Zitronenglasur können Sie sehr leicht selbst zubereiten. 200 g Puderzucker mit Zitronensaft und etwas heißem Wasser dickflüssig rühren.

Sie können die Glasur auch beliebig mit Lebensmittelfarbe einfärben (siehe Foto).

Katzenzungen

250 g glattes Mehl
200 g Puderzucker
1/4 l Schlagobers
6 Eiklar
80 g Puderzucker

200 g Milchkuvertüre

Mehl, Puderzucker und flüssiges Schlagobers glatt rühren. Eiklar zu steifem Schnee schlagen, mit Puderzucker (80 g) ausschlagen und leicht unter die Mehl- Schlagobers-Masse heben.

Die Masse in einen Spritzsack mit großer Tülle füllen und auf ein lauwarmes, mit Backpapier belegtes Blech kleine Katzenzungen von 4 cm Länge dressieren. Bei 200 °C ungefähr 7 Minuten hell backen, noch heiß mit einer Palette vom Blech lösen.

Milchkuvertüre über dem Wasserbad langsam schmelzen. Die erkalteten Katzenzungen an den Enden in die Kuvertüre tauchen und auf einem Gitter trocknen lassen.

Kätzchen Fridolin

4 Eiklar

4 Eidotter

120 g Puderzucker

80 g Mehl

Fülle und Dekoration:

4 EL Ribiselmarmelade

3 EL Rum

80 g Milchkuvertüre

30 g Puderzucker

Saft von 1 Zitrone

Saft von 1 Orange

3 EL Marillenmarmelade

2 Becher Zitronenglasur

100 g weiße Überzugsmasse (im Fachhandel)

rote und schwarze Lebensmittelfarbe

2 Lakritzstäbchen

Eidotter und 2/3 des Puderzuckers dickschaumig rühren. Eiklar zuerst halbfest schlagen, letztes Drittel des Puderzuckers löffelweise einschlagen. Mehl abwechselnd mit 1/3 Schnee unter die Dottermasse ziehen, restlichen Schnee leicht unterheben. Masse in eine gebutterte, bemehlte Tortenform füllen.

Im vorgeheizten Rohr bei 180 °C 10 Minuten backen, dann das Backrohr einen Spalt weit öffnen und bei langsam fallender Hitze 50 Minuten fertig backen. Auskühlen lassen.

Biskuit zweimal durchschneiden. Für die Fülle den mittleren Teil zerbröseln. Diese Brösel mit Ribiselmarmelade, Rum, erweichter Milchkuvertüre, Puderzucker und dem Saft von Zitrone und Orange vermengen. Torte mit der Fülle zusammensetzen und mit Marmelade dünn bestreichen. Zuckerglasur über dem Wasserbad erweichen. 1/3 der Glasur schwarz färben. Torte mit weißer Glasur überziehen und trocknen lassen.

Aus der weißen Überzugsmasse zwei Ohren formen, die innen mit etwas rosa gefärbter Überzugsmasse belegt werden. Ohren am Tortenrand mit Zahnstochern feststecken.

Mit der schwarzen Glasur auf der Torte Katzenflecken zeichnen. Aus weißer Überzugsmasse 2 Pfoten formen und vorne an der Torte mit Zahnstochern befestigen. Restliche Überzugsmasse schwarz färben, daraus Augen und Nase formen und damit das Gesicht in der Tortenmitte verzieren.

Lakritzstäbe für Mund und Barthaare verwenden.

Tipp:

Statt Rum in der Fülle können Sie für Kinder Himbeersirup verwenden.

Kinder dieser Welt

250 g Mehl

100 g Puderzucker

1 Prise Salz

2 Eidotter

180 g Butter

2 EL Wasser

2 Becher Zitronenglasur

braune, gelbe, rosa, rote und grüne Lebensmittelfarbe

feines Spritzpapier

Mehl, Puderzucker, Salz, Eidotter, Butter und Wasser zügig zu einem Mürbteig kneten. Mit Frischhaltefolie abdecken und für eine halbe Stunde kühl stellen.

Teig auf einer bemehlten Arbeitsfläche dünn ausrollen. Mit einem Keksausstecher runde Kekse ausstechen und auf ein mit Backpapier belegtes Blech legen. Kekse bei 180 °C etwa 10 Minuten backen.

Zitronenglasur über dem Wasserbad schmelzen und mit verschiedenen Lebensmittelfarben färben. Aus dem Spritzpapier kleine Stanitzel formen, Zitronenglasur einfüllen und Kindergesichter auf die Kekse spritzen.

Tipp:

Wenn Sie keinen Keksausstecher zur Hand haben, können Sie ein Trinkglas verwenden.

Mit den „Kindern dieser Welt" können Sie jede beliebige Torte dekorieren (siehe Foto).

Karottentorte für die Osterzeit

200 g Puderzucker

200 g geriebene Mandeln ohne Schale

200 g geriebene Karotten

50 g Mehl

5 Eidotter

5 Eiklar

2 EL Kirschschnaps

1 EL Zitronensaft

1 abgeriebene Zitronenschale (unbehandelt)

Dekoration:

2 Becher Zitronenglasur

12 Marzipankarotten (im Fachhandel)

Puderzucker und Eidotter über dem Wasserbad schaumig schlagen, bis die Masse sich verdoppelt und hell wird. Zitronenschale, Zitronensaft und Kirschschnaps beigeben.

Die geriebenen Karotten, Mehl und Mandeln unter die Eimasse ziehen. Das Eiklar steif schlagen und zuletzt locker darunter arbeiten.

Die Masse in eine gebutterte, bemehlte Tortenform füllen.

Im vorgeheizten Backrohr bei 180 °C 60 Minuten backen.

Nach dem Backen die Torte sorgfältig vom Rand lösen und auf ein Kuchengitter stürzen, dann auskühlen lassen.

Die Glasur im Wasserbad erwärmen und die Torte damit überziehen. Mit einer warmen Spachtel glatt streichen. Glasur antrocknen lassen und Torte mit den Marzipankarotten dekorieren.

Tipp:

Die Karottentorte hält sich 3–4 Tage frisch.

Knusperhaus

1 kg fertiger Lebkuchenteig

750 g Puderzucker

4 Eiklar

Süßigkeiten z. B. Gummibären, bunte Schokolinsen, Geleefrüchte

bunte Lakritzstäbchen

Marshmallows

1 kg Kristallzucker

Lebkuchenteig auf einer bemehlten Arbeitsfläche ausrollen. Aus dem Teig für das Haus jeweils 2 Längsseitenteile (20 cm breit, 12 cm hoch), 2 Dachteile (26 cm breit, 13 cm hoch), für die Vorder und Rückseite 2 Giebelteile (16 cm breit, Seiten 12 cm hoch und Giebelhöhe 17 cm) mit einem spitzen Messer ausschneiden. Auf ein mit Backpapier ausgelegtes Backblech legen und bei 180 °C 15 Minuten backen, dann auskühlen lassen.

In der Zwischenzeit den Puderzucker mit Eiklar und etwas Wasser glatt rühren.

Die fertig gebackenen Lebkuchenteile mit Puderzuckerguss zu einem Haus zusammenkleben und anschließend trocknen lassen.

Das Haus mit Puderzuckerguss und Süßigkeiten bunt verzieren.

Den Kristallzucker auf einem Teller zu einer Schneelandschaft streuen und das fertige Lebkuchenhaus darauf setzen.

Konfettikuchen

3 Eier

1 Joghurtbecher Puderzucker

1 Pkg. Vanillezucker

1 Joghurtbecher Sauerrahm (1/4 l)

1/2 Joghurtbecher Sonnenblumenöl

1 Joghurtbecher geriebene Nüsse

1 Joghurtbecher griffiges Mehl

1/2 Pkg. Backpulver

1 Joghurtbecher Kakao

Dekoration:

250 g Puderzucker

Saft von 2 Zitronen

buntes Oblatenkonfetti (im Fachhandel)

Eier, Puderzucker (Becher), und Vanillezucker sehr schaumig rühren. Sauerrahm und Öl beimengen, Kakao, Nüsse, Mehl und Backpulver miteinander vermengen und dieses Gemisch dann unter den Teig heben. Den Teig in eine gebutterte, bemehlte Kastenform füllen und die Masse bei 180 °C 60 Minuten backen.

Aus der Form auf ein Kuchengitter stürzen.

Puderzucker (250 g) mit Zitronensaft zu einer dickflüssigen Glasur verrühren und auf den erkalteten Kuchen gießen, etwas verstreichen. Mit bunten Oblatenkonfetti bestreuen.

Tipp:

Sehr gut schmeckt dieser Kuchen auch, wenn man nanstelle von geriebenen Nüssen Kokosett verwendet.

Zur Dekoration eignen sich auch bunte Smarties sehr gut. Ebenso kann man die Zuckerglasur auch mit Lebensmittelfarbe färben (siehe Foto).

Lustiger Eiskasperl

1 Packung Eis nach Wahl

Rosinen, Pistazien und Mandeln für Augen, Mund und Nase

6 Eistüten

bunte Schokolinsen

150 g bunter Marzipan

Aus dem Eis 6 Kugeln ausstechen und für 1 Stunde in den Tiefkühler legen.

Den bunten Marzipan auf einer gezuckerten Arbeitsfläche ausrollen und 6 Sterne mit 5 cm Durchmesser ausstechen.

Eiskugeln aus dem Tiefkühler nehmen und auf die Marzipansterne legen. Mandeln als Ohren und Mund, Rosinen als Augen und Pistazien als Nasen einsetzen und nochmals 1/2 Stunde in den Tiefkühler stellen.

Anschließend die Eistüten aufsetzen und mit bunten Schokolinsen auf dem Teller anrichten.

Variante:

Man kann den Kopf des Kasperls auch aus bunter Überzugsmasse formen und als Dekoration für Torten verwenden (siehe Foto).

Marienkäfer-Gugelhupf

1/8 l Öl
1/8 l Wasser
250 g Puderzucker
250 g Mehl
1 KL Backpulver
1 Pkg. Vanillezucker
3 Eier

Dekoration:

2 Becher Zitronenglasur
8 kleine Marzipanmarienkäfer
grüne Lebensmittelfarbe

Öl, Wasser, Puderzucker, das mit Backpulver versiebte Mehl, Vanillezucker und 3 Eidotter mit dem Mixer schaumig schlagen. 3 Eiklar zu festem Schnee schlagen und unter die Masse heben.

Masse in eine gebutterte, bemehlte Gugelhupfform füllen und bei 180 °C 60 Minuten backen. Aus der Form nehmen und auskühlen lassen.

Zitronenglasur über dem Wasserbad erweichen und mit grüner Lebensmittelfarbe färben. Den Gugelhupf damit glasieren. Kleine Marzipanmarienkäfer verstreut aufsetzen.

Tipp:

Geben Sie zur Hälfte der Kuchenmasse 3 EL Kakao, so erhalten Sie einen Marmorgugelhupf.

Marshmallows

450 g Puderzucker

15 ml flüssiger Glukosesirup (im guten Fachhandel erhältlich)

4 Gelatineblätter

200 ml Wasser

2 EL Orangenaroma

2 Eiklar

Puderzucker zum Bestreuen

Eine quadratische Form (20 cm) leicht einölen und mit Puderzucker bestreuen. Puderzucker, Glukosesirup und 200 ml Wasser in einem Topf erhitzen. Mit einem Holzlöffel rühren, bis der Zucker aufgelöst ist.

Zum Kochen bringen, zudecken und 3 Minuten kochen lassen. Aufdecken und zum Stadium des heißen Balls (130 °C) kochen. Inzwischen die Gelatineblätter in 100 ml Wasser über dem heißen Wasserbad auflösen. Die Gelatine in den Sirup gießen und das Orangenaroma hinzufügen.

Das Eiklar steif schlagen. Den Sirup unter Rühren langsam in den Eischnee gießen. So lange schlagen, bis die Masse steif und dick ist. Die Masse in die Form geben, mit dem Messer glatt streichen und fest werden lassen. Die Arbeitsfläche mit Puderzucker bestreuen. Die Masse mit einem dünnen Messer aus der Form lösen und auf die Arbeitsplatte legen. Oberfläche und Seiten mit Puderzucker bestreuen. Mit einem eingeölten Messer 2,5 cm breite Streifen schneiden. Diese wieder in Quadrate schneiden. Die Seiten der Stücke wieder mit Puderzucker bestreuen und auf einem Kuchengitter 10 Stunden trocknen lassen. Die Marshmallows gut verschlossen aufbewahren.

Tipp:

Statt des Orangenaromas ein paar Tropfen Zitronenaroma und etwas gelbe Lebensmittelfarbe beimengen.

Mini-Eisenbahn

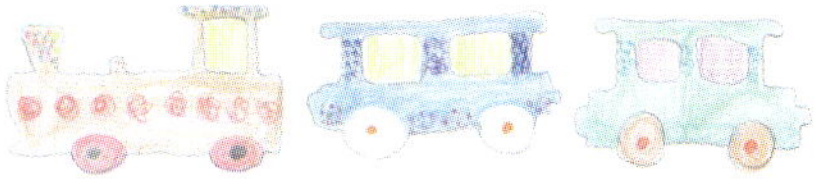

Alle Teigzutaten mit 2 EL kaltem Wasser verkneten, mit Klarsichtfolie abdecken und 30 Minuten kühl rasten lassen. Auf einer bemehlten Arbeitsfläche ausrollen, Lokomotiven und Anhänger ausstechen.

Bei 180 °C 10 Minuten backen, dann auskühlen lassen.

Fondant über dem Wasserbad schmelzen und mit Lebensmittelfarbe einfärben. Lokomotiven und Anhänger in verschiedenen Farben glasieren, Glasur kurz antrocknen lassen. Lokomotiven und Anhänger mit bunten Linsen, Zuckerperlen und Zuckertieren dekorieren.

150 g Mehl

100 g Butter

50 g Puderzucker

1 Prise Salz

1 Eidotter

1 Msp. Backpulver

Mark von 1 Vanilleschote

Dekoration:

1/2 kg Fondant

verschiedene Lebensmittelfarben

Zuckerperlen

bunte Minilinsen

kleine Zuckertiere

bunte Mimosen

(Dekor im guten Fachhandel erhältlich)

Piratentorte

3 Bananen
200 g Puderzucker
1 Ei
1 Pkg. Vanillezucker
300 g Mehl
1/2 Pkg. Backpulver
4 EL Öl
4 EL Rosinen
3 EL gehobelte Mandeln

Dekoration:

900 g weiße Überzugsmasse (im Fachhandel)
braune, gelbe, grüne, rote, blaue und schwarze Lebensmittelfarbe
rosa, silberne und goldene Perlen
1 weiße Backoblate (Segel)
1 Holzspieß

Bananen mit einer Gabel zerdrücken und mit dem Puderzucker, Ei und Vanillezucker gut verrühren. Nach und nach das mit Backpulver versiebte Mehl und die Mandeln unterrühren und zuletzt das Öl und die Rosinen beimengen.

Masse in eine gebutterte, bemehlte Tortenform füllen und bei 180 °C im vorgeheizten Backrohr 60 Minuten backen. Aus der Form nehmen und auskühlen lassen.

Weiße Überzugsmasse mit den jeweiligen Lebensmittelfarben färben. Lebensmittelfarben können gut gemischt werden, z. B. rot und gelb für orange.

Für das Meer und den Strand die gefärbte Überzugsmasse auf einer bezuckerten Arbeitsfläche dünn ausrollen. Braunes Schiff formen. Aus der Oblate ein Segel schneiden und mit Hilfe des Holzspießes in das Schiff stecken. Einen Piraten und einen Piratenhelfer formen. Schatzkiste aus brauner Überzugsmasse formen und mit Perlen verzieren. Mäderln, Schildkröte und Möve ebenfalls aus Überzugsmasse formen. Alle Figuren auf die Meer-Strandplatte setzen und auf die gebackene Torte legen. Tortenrand mit Marmelade bestreichen und mit gehobelten Mandeln bestreuen.

Tipp:

Meeressand lässt sich auch gut aus Haselnusskrokant darstellen.

Schmetterlingstorte

4 Eier
200 g Puderzucker
1 Pkg. Vanillezucker
200 g Mehl
1/2 Pkg. Backpulver
4 EL Wasser

Eidotter, Wasser, Puderzucker und Vanillezucker schaumig schlagen. Eiklar zu steifem Schnee schlagen und unter die Dottermasse ziehen. Mehl mit Backpulver vermengen und leicht unter die Masse ziehen. 2 Tortenformen (22 cm und 18 cm Durchmesser) bebuttern, bemehlen und mit dem Teig befüllen. Im Ofen nebeneinander bei 180 °C 40 Minuten backen. Torten aus der Form nehmen und auskühlen lassen.

Fülle:
6 Blatt Gelatine
300 g Ananasringe (Dose)
2 Becher (à 1/4 l) Schlagobers

Gelatine in kaltem Wasser einweichen. Ananas abtropfen lassen, klein schneiden und pürieren. Gelatine tropfnass in einem kleinen Topf bei schwacher Hitze auflösen und unter das Ananaspüree rühren. Schlagobers steif schlagen und unterheben. Tortenböden quer halbieren, die Ananascreme darauf verteilen, die oberen Böden darauf setzen. Kleine Torte auf die große Torte stellen.

Dekoration:
1/2 l Schlagobers
1 Pkg. Sahnesteif
4 Ananasringe
4 Erdbeeren
1 Stange Angelika (im Fachhandel)
2 EL gehackte Pistazien
Melissenblätter

Schlagobers mit Sahnesteif steif schlagen und die Torte damit überziehen. Ananasringe in 4 cm breite Stücke schneiden, an den Außenkanten kleine Kerben einschneiden. Die Erdbeeren waschen und achteln. Angelika in dünne Streifen schneiden. Ananas, Erdbeeren und Angelika auf der Torte zu Schmetterlingen legen: Ananas als Flügel, Erdbeeren als Körper und Angelika als Fühler. Die Torte mit Pistazien bestreuen und mit Melissenblättern verzieren.

Schokofrüchte

Kuvertüre zerkleinern und getrennt über dem Wasserbad schmelzen.

Früchte waschen und gut trocknen. Früchte bis zur Hälfte in flüssige Schokolade tauchen und auf einem Backpapier trocknen lassen. Vorsichtig vom Papier lösen.

Tipp:

Frisches Obst mit Schokoladeüberzug ist eine herrliche Kombination. Man kann die Früchte auch als Dekoration für Kuchen und Torten verwenden.

200 g weiße Kuvertüre
200 g Milchkuvertüre
Weintrauben
Erdbeeren
Mandarinenstücke
Aranzinistreifen
getrocknete Marillen

Schokoknusperchen

Kokosfett bei schwacher Hitze schmelzen, zerkleinerte Kuvertüre dazugeben, auflösen und verrühren.

Cornflakes in eine Schüssel geben. Die warme Kuvertüre über die Cornflakes gießen und gut durchrühren. Mit zwei Kaffeelöffeln kleine Häufchen formen und auf ein mit Backpapier belegtes Backblech setzen. Für 30 Minuten kalt stellen, anschließend in Konfektkapseln setzen.

Tipp:

Schokoknusperchen in bunte Konfektkapseln setzen und in ein hübsches Glas füllen. So kann man sie auch verschenken.

4 EL Kokosfett
200 g Milchkuvertüre
4 Tassen Cornflakes
30 Konfektkapseln

Schokoschweinchen

für 3 Schweinchen:

3 Äpfel

1 Banane

18 geschälte Mandeln

2 EL Kokosfett

200 g dunkle Kuvertüre

weiße Zuckerperlen

3 Holzspieße

Äpfel waschen und den Holzspieß durch den Apfel stechen, so dass an einer Seite der Spieß ca. 4 cm herausragt. Auf diese Seite des Spießes ein Stück Banane (2 cm) aufspießen, das ist die Schnauze. Die Mandeln als Ohren und Beine in den Apfel stecken.

Kokosfett bei schwacher Hitze schmelzen, danach Kuvertüre dazugeben und verrühren. Mit einem Löffel die Schokolade über das Schweinchen gießen.

Glasur etwas antrocknen lassen. Weiße Zuckerperlen als Augen einsetzen. Das Schweinchen trocknen lassen.

Tipp:

Verwenden Sie kleine säuerliche Äpfel.

Süßes Mäderl

Milchkuvertüre über dem Wasserbad schmelzen. Butter cremig rühren, Puderzucker, Eidotter und Kuvertüre nach und nach abwechselnd einrühren. Eiklar zu steifem Schnee schlagen und abwechselnd mit dem Mehl unter die Schokolademasse heben.

Die Masse auf ein mit Backpapier ausgelegtes Blech streichen und bei 180 °C 40 Minuten backen. Tortenboden auskühlen lassen und auf eine mit Puderzucker bestreute Arbeitsfläche stürzen.

Für die Creme Butter flaumig rühren, Puderzucker und Eidotter einrühren und cremig aufschlagen. In die Hälfte der Creme grüne Lebensmittelfarbe einrühren, in die zweite Hälfte rosa Lebensmittelfarbe einrühren, anschließend zur Seite stellen.

Aus dem fertigen Schokoladekuchen mit einem spitzen Messer eine Mädchenform ausschneiden (siehe Kinderzeichnung). Die rosa Creme auf Gesicht, Arme und Füße, die grüne Creme auf dem Kleid verstreichen. Als Haar bunten Streusel um den Kopf drücken, bunte Lakritztaler als Augen, rote Zuckerlinse als Nase und rotes Geleestangerl als Mund setzen. Gelbe Mimosen im Kleid als bunte Tupfen verteilen.

Tipp:

Der Kuchen kann auch mit bunter Zuckerglasur überzogen werden.

150 g Butter

140 g Puderzucker

140 g Milchkuvertüre

5 Eidotter

5 Eiklar

120 g Mehl

Creme und Dekoration:

350 g Butter

180 g Puderzucker

1 Eidotter

rosa und grüne Lebensmittelfarbe

bunter Streusel

gelbe Mimosen (im Fachhandel)

2 bunte Lakritztaler als Augen

1 rote Zuckerlinse als Nase

1 rotes Geleestangerl als Mund

Süßes Päckchen

50 g Butter
3 Eier
150 g Puderzucker
1 Pkg Vanillezucker
1 KL Backpulver
150 g Mehl

Dekoration:

130 g Himbeermarmelade
130 g Nussnougat
1/2 KL Zimtpulver
3 EL Orangensaft
350 g Rohmarzipan
100 g Puderzucker
rote Lebensmittelfarbe

Die Butter mit den Eiern, Puderzucker und Vanillezucker schaumig rühren, das mit Backpulver versiebte Mehl unterheben.

Den Teig auf einem mit Backpapier ausgelegten Backblech glatt streichen. Im vorgeheizten Rohr bei 180 °C 30 Minuten backen, dann auskühlen lassen.

Die Kuchenplatte auf eine bezuckerte Arbeitsfläche stürzen und in drei gleich große Quadrate schneiden (ca. 22 x 22 cm).

Die Himbeermarmelade leicht erwärmen, glatt rühren und eine Kuchenplatte damit bestreichen. Die zweite Kuchenplatte darauf legen und leicht andrücken. Nussnougat im Wasserbad erwärmen, mit dem Zimtpulver würzen, glatt rühren und auf die zweite Kuchenplatte streichen. Dritten Kuchenteil auflegen und festdrücken.

Rohmarzipan mit Puderzucker gut verkneten, ein Drittel davon rot färben.

Weißen Rohmarzipan auf einer bezuckerten Arbeitsfläche dünn ausrollen und den Kuchen damit belegen, leicht andrücken.

Roten Marzipan dünn ausrollen und mit einem scharfen Messer Streifen ausschneiden (ca. 3 cm breit). Wasser und Puderzucker vermengen und damit die Bänder um das Päckchen kleben. Aus anderen Marzipanbändern kleine Schleife binden und als Krönung oben aufkleben.

Tipp:

Man kann statt einem großen süßen Päckchen viele kleine Päckchen schneiden und mit bunten Bändern versehen.

Tausendfüßlertorte

1 großes Muffin od. ähnliches

10 Rollen Milka Tender Biskuitrollen

Creme:

300 g Butter

300 g Puderzucker

1 Pkg. Vanillezucker

1 Ei

Dekoration:

Grüne und orange Lebensmittelfarbe

Geleebonbons,

buntes Popcorn

Plastikaugen

Zuckerlippen

bunte Lakritzstangen für die Füße

20 cm buntes Maschenband

Für die Creme Butter rühren, Puderzucker, Vanillezucker und Ei einrühren, mit dem Mixer schaumig schlagen.

Biskuittröllchen auf vorbereitetem Brett schlangenförmig anordnen, Muffin als Kopf an ein Ende legen. 1/4 der Creme grün, den Rest orange färben.

Die orangefarbene Creme über die Biskuittröllchen und Rückseite des Kopfes verstreichen. Den restlichen Kopf mit grüner Creme überziehen.

Die Oberfläche des Tausendfüßlers mit bunten Geleebonbons verzieren, bunte Lakritzstangen in regelmäßigen Abständen an die Seite für die Füße des Tausendfüßlers drücken.

Augen und Lippen am Gesicht befestigen und Popcorn als Haar auf den Kopf drücken. Das Band zu einer Schleife binden und befestigen.

Tipp:

Augen können Sie auch aus Geleebonbons zuschneiden.

Trommeltorte

Die beiden Biskuittorten mit Marmelade zusammensetzen. Butter rühren, Puderzucker, Vanillezucker und Ei einrühren und mit dem Mixer schaumig schlagen.

Die Hälfte der Creme grün färben. Den Rest wiederum halbieren, einen Teil davon dunkelgrün färben. Die ungefärbte Creme auf der Oberseite der Trommel, die hellgrüne Creme seitlich verstreichen.

Das grüne Seidenband so zuschneiden, dass es im Zickzackmuster um den Trommelrand gelegt werden kann.

Lakritze an den oberen und unteren seitlichen Trommelrand drücken, so dass das Seidenband dazwischen sichtbar bleibt.

Dunkelgrüne Creme in einen Spritzsack mit kleiner Tülle füllen und den oberen Trommelrand damit verzieren. Kleine Silberperlen auflegen.

Die Holzstäbchen mit Alufolie umwickeln und Süßigkeiten an die Spitze jedes Stäbchens stecken. Trommelstäbe auf die Torte legen.

2 fertige Biskuittorten

100 g Erdbeermarmelade

grüne Lebensmittelfarbe

bunte Lakritze

bunte Zuckerperlen

30 g Silberperlen

2 Essstäbchen aus Holz

1,5 m langes grünes Seidenband

Creme:

300 g Butter

250 g Puderzucker

1 Pkg. Vanillezucker

1 Ei

Tipp:

Die Wahl der Farben ist ganz beliebig, dabei sollten Sie aber nicht vergessen, dass wenige Tropfen der Lebensmittelfarbe genügen, da die Farbe nach einer Weile nachdunkelt.

Teddybär

130 g Butter
150 g Puderzucker
1 Pkg. Vanillezucker
2 Eier
250 g Mehl
1 Pkg. Backpulver
1/4 l Milch

1 halbkugelförmige Tortenform (20 cm Durchmesser)
1 halbkugelförmige Tortenform (10 cm Durchmesser)
2 Biskuitrouladen à 200 g
2 kleine Biskuitröllchen
2 runde Schokokekse
8 bunte Schokolinsen
1 rotes Geleebonbon
6 Lakritzstreifen
50 cm langes Maschenband
blaue Lebensmittelfarbe
Holzspieße
3 Becher fertige Zuckerglasur

Butter, Puderzucker, Vanillezucker, Milch und 2 Eier schaumig schlagen, das mit Backpulver vermischte Mehl nach und nach unterrühren. Masse in die gebutterten, bemehlten Tortenformen gießen und bei 180 °C 50 Minuten backen. Kuchen aus der Form auf ein Kuchengitter stürzen und auskühlen lassen.

Den kleinen Kuchen mittels Holzspießchen auf den größeren Kuchen stecken (Kopf).

Kleine Biskuitröllchen mit Holzspießen als Arme auf dem Rumpf befestigen, die Biskuitrouladen als Beine anbringen.

Zuckerglasur in einem Topf über dem Wasserbad schmelzen und mit blauer Lebensmittelfarbe färben, dann den Kuchen (Teddy) damit überziehen. Die Schokokekse als Ohren an den Kopf stecken. Bunte Schokolinsen als Augen, Nase und Knöpfe verwenden. Geleebonbon als Mund aufstecken und Lakritzstangen als Schnurrbart. Masche vorne an den Hals binden.

Tipp:

Der Teddy kann natürlich auch mit einer andersfärbigen Glasur überzogen werden.

Trüffeligel

200 g dunkle Kuvertüre

50 g Butter

8 EL Schlagobers

12 Butterkekse (am besten rund, können auch gefüllt sein)

Mandeln ohne Schale

gestiftelte Mandeln

Rosinen

Schlagobers und Butter in einem Topf mit festem Boden erwärmen, zerkleinerte Kuvertüre darin auflösen und kurz aufkochen lassen. Masse mit dem Schneebesen gut durchrühren und im Kühlschrank fest werden lassen.

Aus der festen Masse mit einem Löffel 12 Kugeln ausstechen und auf die Kekse setzen. Mandeln quer halbieren. Gestiftelte Mandeln als Stacheln, Mandelhälften und Rosinen als Augen und Mund verwenden. Die Igel nochmals für 1/2 Stunde kühl stellen.

Tipp:

Teller mit Melissenblättern und Schokoladekeks-Stangerln dekorieren und Igeln darauf setzen.

Trüffelschlange

1 Becher Zitronenglasur

rosa, gelbe, grüne, rote, schwarze und braune Lebensmittelfarbe

1 Scheibe Karlsbader Oblate

80 g brauner Zucker

750 g Kuchenreste oder zerkleinerte Oblatenschnitten

6 EL Marillenmarmelade

1/8 l Schlagobers

1 Pkg. Vanillezucker

200 g Milchkuvertüre

750 g weiße Überzugsmasse (im Fachhandel)

Die Zitronenglasur über dem Wasserbad erweichen und mit ein paar Tropfen Lebensmittelfarbe braun färben, auf der Karlsbader Oblate verteilen und mit braunem Zucker bestreuen. Dient als Unterlage für die Schlange.

Zerkleinerte Kuchenreste od. Oblatenschnitten, Marmelade, Vanillezucker und Schlagobers in einer Schüssel mischen. Milchkuvertüre über dem Wasserbad schmelzen und unter ständigem rühren nach und nach in die Schüssel zugießen bis eine feste Paste entsteht. Wenn die Trüffelmasse zu trocken ist, ist sie schwer zu formen, in diesem Fall noch etwas Schlagobers zugeben.

Die Trüffelmasse zu einer etwa 60 cm langen Rolle formen.

600 g weiße Überzugsmasse kräftig rosa färben und 500 g davon auf einer bezuckerten Arbeitsfläche zu einem langen Streifen ausrollen. Den Streifen um die Trüffelmasse wickeln, die Naht gut verschließen. Die restlichen 100 g zu einem Schlangenkopf formen und an ein Ende des Körpers setzen. Das andere Ende zu einem dünner werdenden Schwanz formen.

60 g weiße Überzugsmasse gelb, 60 g grün einfärben, ausrollen und mit kleinen runden Keksausstechern Kreise von 3 cm und 2 cm Durchmesser ausstechen. Die gelben Kreise mit etwas Wasser auf der Schlange befestigen und auf jedem 2. gelben Kreis einen grünen Kreis kleben.

Augen, Nase und Zunge der Schlange aus schwarzer, roter und weißer Masse formen und mit etwas Wasser auf der Schlange befestigen.

Schlange kreisförmig einrollen und auf die bezuckerte Oblatenschnitte legen.

Villa Kunterbunt

2 fertige quadratische Kuchen (15 x 15 cm)

800 g weiße Überzugsmasse (im Fachhandel)

rosa und grüne Lebensmittelfarbe

bunte Lakritze

35 Butterkekse für das Dach

bunter Streusel

1 Schlecker

2 Zuckerspazierstöcke

1 Marshmallow als Rauchfang

Bonbons

bunte Sckokolinsen für den Zaun

runde Karlsbader Oblatenschnitte (22 cm Durchmesser) als Boden

Schokoladecreme

Kuchen aufeinander legen und den oberen dachförmig zuschneiden. Beide Kuchen durchschneiden und mit Schokoladecreme füllen.

400 g weiße Überzugsmasse rosa und weitere 400 g grün färben.

Grüne Überzugsmasse auf einer bezuckerten Arbeitsfläche dünn ausrollen und die Oblatenschnitte damit belegen. Rosa Überzugsmasse ausrollen und das Kuchenhaus damit überziehen, leicht andrücken. Butterkekse mit Schokoladecreme als Dachziegel reihenweise ankleben. Mit dem Messerrücken in das Häuschen kleine Fenster mittels Linien anbringen. Für die Fensterläden 2 Schokokekse ankleben. Die Fensterläden mit bunten Bonbons verzieren.

Als Rauchfang ein Marshmallow verwenden und am Dachfirst eine Reihe Bonbons aufkleben. Häuschen auf den grünen Unterboden setzen (Garten).

Für den Fußweg bunten Streusel bis zum Haus streuen. Bunte Schokolinsen als Zaun aufstecken. Bunte Lakritze im Garten verstreuen und Schlecker und Zuckerstangen in die Wiese stecken.

Tipp:

Aus 100 g Puderzucker und Saft von einer Zitrone eine Glasur herstellen, damit können Sie sehr gut kleben.

Weihnachtstorte

200 g Butter
200 g Puderzucker
4 Eier
180 g Mehl
100 g gestiftelte Mandeln
40 g Zitronat
120 g Rosinen
geriebene Zitronenschale (unbehandelt)
1 Pkg. Vanillezucker
1/2 Pkg. Backpulver

750 g weiße Überzugsmasse (im Fachhandel)
rote, grüne, blaue und gelbe Lebensmittelfarbe

Butter, Puderzucker, Zitronenschale, Vanillezucker und Eidotter schaumig rühren. Mehl mit Backpulver vermengen und löffelweise zugeben. Rosinen, klein geschnittenes Zitronat und gestiftelte Mandeln mit dem steif geschlagenen Eiklar unterziehen. Masse in eine gebutterte, bemehlte Tortenform füllen und bei 160 °C etwa 60 Minuten backen. Torte auf einem Kuchengitter auskühlen lassen.

500 g weiße Überzugsmasse auf einer bezuckerten Arbeitsfläche ausrollen und auf die Torte legen, leicht andrücken, Überschuss mit einem spitzen Messer abschneiden.

Restliche Überzugsmasse in 4 Teile teilen und mit den verschiedenen Lebensmittelfarben färben.

Daraus 4 Geschenkspäckchen, 1 kleinen Weihnachtsmann, 2 Bären, 1 gelbe Trompete, 1 Geschenksack und ein Bonbon formen.

Torte damit verzieren.

Winter-Eiszauber-Torte

2 Eiklar

40 g Feinkristallzucker

100 g Puderzucker

1 Pkg. Vanillezucker

1 KL Kakao

Fülle und Dekoration:

1 Pkg. Eis nach Belieben

1/4 l Schlagobers

20 g Puderzucker

50 g bunte Minismarties

8 grüne Marzipanblätter

Das Eiklar mit Feinkristallzucker zu sehr festem Schnee schlagen, Puderzucker und Vanillezucker unterheben. Den Schnee in einen Spritzsack mit großer Lochtülle füllen und mit zwei Dritteln davon auf ein mit Backpapier ausgelegtes Backblech einen Tortenboden von ca. 22 cm Durchmesser spritzen. Mit der restlichen Masse auf den Rand des Tortenbodens Tupfen spritzen und mit Kakao bestauben. Das Backblech in das vorgeheizte Rohr schieben und bei 150 °C etwa 35 Minuten backen.

Den Baiserboden vollständig erkalten lassen und Eiskugeln kuppelförmig auflegen. Mit bunten Minismarties bestreuen.

Schlagobers mit Puderzucker steif schlagen. Torte mit Schlagobers und Marzipanblättern garnieren.

Tipp:

Verwenden Sie beim Schlagen von Schlagobers Sahnesteif, so hält Ihre Dekoration besser die Form.

Zirkustorte

250 ml Schlagobers
4 Eier
1 Pkg. Vanillezucker
250 g Mehl
200 g Puderzucker
4 EL Nutella

Dekoration:

900 g weiße Überzugsmasse (im Fachhandel)

blaue, rote, gelbe Lebensmittelfarbe

200 g Haselnusskrokant

4 Eiklar zu steifem Schnee schlagen. Schlagobers halbsteif schlagen. Vanillezucker, Puderzucker und Eidotter zum Schlagobers rühren. Nutella einrühren, Mehl und Schnee unterheben.

Die Masse in eine gebutterte, bemehlte Tortenform füllen und im vorgeheizten Backrohr bei 180 °C 40 Minuten backen.

Aus der Form nehmen und auskühlen lassen.

500 g weiße Überzugsmasse auf einer bezuckerten Arbeitsfläche dünn ausrollen und die Torte damit belegen, leicht andrücken.

80 g Überzugsmasse blau und weitere 80 g rot färben. Beide Massen dünn ausrollen und kleine Quadrate ausschneiden, mit Wasser benetzen und am Tortenrand ankleben.

100 g weiße Überzugsmasse zu einer dünnen Rolle formen und am oberen Tortenrand festdrücken. Haselnusskrokant oder Streusel einstreuen (Sand).

Aus der verbleibenden Überzugsmasse Tiere formen (Elefant, Hund, Pferd ...) und in die Manege setzen.

Zuckermäuse

Zutaten für 10 Stück

500 g weiße Überzugsmasse (Fachhandel)

rosa Lebensmittelfarbe

20 Silberkugeln für die Augen

weißer Faden

Borsten eines neuen Malerpinsels

Die Hälfte der Überzugsmasse rosa einfärben. Dazu die Lebensmittelfarbe gut einkneten.

Den Rest weiß lassen für weiße Mäuse.

Für eine Maus benötigen Sie 50 g.

Für eine Maus 45 g der jeweiligen Masse zu einer Birne formen. Aus der restlichen Masse kleine Ohren modellieren und hinter der Spitze der Birnenform hineinstecken.

Die Silberkugeln als Augen und die klein geschnittenen Borsten als Schnurrbarthaare einsetzen. Den Faden am anderen Ende als Schwanz befestigen.

Fest werden lassen.